전설은 주문이다

장종권 시인은 전북 김제에서 태어났다. 성균관대학교를 졸업하고 동대학원 국문학과에서 석사학위를 받았다. 1985년 김구용 시인의 추천을 받아 ≪현대시학≫으로 등단했다. 시집으로 『아산호 가는 길』, 『개나리꽃이 피었습니다』, 『호박꽃나라』 등 6권이 있으며, 장편소설 『순애』, 단편소설집 『자장암의 금개구리』가 있다. 인천문학상, 성균문학상을 수상했으며 현재 계간 ≪리토피아≫ 주간, 사)문화예술소통연구소의 이사장이다.

e-mail : myhanbando@hanmail.net

리토피아포에지 · 65
전설은 주문이다

인쇄 2017. 7. 26 발행 2017. 7. 31
지은이 장종권 펴낸이 정기옥
펴낸곳 리토피아
출판등록 2006. 6. 15. 제2006-12호
주소 22162 인천 남구 경인로 77(숭의3동 120-1)
전화 032-883-5356 전송032-891-5356
홈페이지 www.litopia21.com 전자우편 litopia@hanmail.net

ISBN-978-89-6412-086-6 03810

값 10,000원

이 도서의 국립중앙도서관 출판예정도서목록(CIP)은 서지정보유통지원시스템 홈페이지(http://seoji.nl.go.kr)와 국가자료공동목록시스템(http://www.nl.go.kr/kolisnet)에서 이용하실 수 있습니다.(CIP제어번호: CIP2017016161)

장종권 시집

전설은 주문이다

LITERATURE & UTOPIA

시인의 말

마하바라산은 언뜻 보기에는 몇 미터 높이로 보인다.
그러나 오르기 시작하면 가도가도 정상이 없다.

마하바라강은 보기에는 몇 걸음이면 건널 수 있어 보인다.
그러나 물속에 들어서는 순간 바다가 된다.

마하바라산은 지어낸 이름이나 미치게 되는 순간
나타나고, 마하바라강도 역시나 치열해지는 순간 나타난다.

사실인 것은 없다. 늘상 존재하는 거짓말이야말로 진실로
아름답다. 진실이 있다고 믿지 않기로 한다.

2017년 여름
장종권

차례

제1부 분탱이

제2부 벼룩이 간

제3부 고공비행

제4부 미끼

|제1부|

분탱이

복분자

빨래터에 앉아 복분자 두어 병 나누어 마셨다.

아침에 일어나니 밤새 젖꼭지가 사라졌다.
웬일일까 간밤을 곰곰이 더듬어보니
아차, 빨래터에 그냥 두고 왔구나.
정신없이 빨래터로 달려가보니
창피해라.
이웃집 남정네가 두고 온 젖꼭지 하나를 열심히 빨고 있네
아무리 빨아도 땟국물이 주르르 흐르네.

나머지 하나는 어디로 갔을까.
두리번거리니 오오라,
건너마을 까치머리 고등학생이 개울 건너에서
떠내려가는 젖꼭지 하나를 온몸으로 투망질 하고 있네.

홀딱 벗은 복분자 빈 병이 함께 떠 있네.

참말 거짓말

거짓말을 잘 하라고 열심히 가르친다.
거짓말이 제일 아름답다고 열심히 가르친다.
참말로 사람 죽이는 일 있어도
거짓말로 사람 죽이기는 어려운 일이라고
그 참말 참말로 참말이 아니라고
그 거짓말 참말로 거짓말이 아니라고
아무리 참이라 말해도 참이 아니고
아무리 거짓말이라 말해도 거짓이 아니라고
그러니 참말 같은 거짓말 잘 하고
그러니 이쁜 거짓말로 따뜻하게 잘 살라고
당신과 나는 다르다는 참말보다
나도 당신처럼 살고 싶다는 거짓말
사실은 그 참말이 거짓말이고
사실은 그 거짓말이 참말이라고
그리 알고 거짓말 잘 하는 사람 되라고
열심히 참말인 것처럼 거짓말 하고 산다.
거짓말 잘 하면 거짓도 참이 되고
참말을 잘 하면 참말도 거짓이 된다고

세상은 요지경이라 답도 없는 시험문제라
참말인지 거짓말인지 나도 모르는 말로 산다.

형수의 이름

갓난 아이 이름 지어들고 면사무소에 출생신고 하러 가다가 반가운 친구 만나 술을 마셨네.

잔뜩 취하고도 면사무소에 들러 서류를 다 쓰긴 썼는데, 정작 지어놓은 이름이 영 생각나지 않았다네.

머리를 싸매고 온갖 이름 되뇌이다가 긴가민가 하며 그럴듯한 이름을 주워댔는데,

나중에 알고 보니 형수님의 이름이더라.

분탱이

분탱이라 부르면 분명 아들 나온다는 말이 있었지. 설마 싶어 마지막 딸이 되어라 종녀라 이름 지었는데, 어쩌나, 또 딸이었네.

에라 모르겠다. 딸내미 듣거나 말거나 분탱이 분탱이 노래를 불렀더니 신기하게도 다음에는 아들이 나오더라. 딸부잣집 경사 났네. 분탱이 덕분에 경사 났네.

철이 든 분탱이 분이 나서 아버지만 보면 대들었네. 난 뭐예요. 분탱이지. 이름으로 불러줘요. 분탱이지. 분탱이 끝내 분 못 풀고 시집가서도 분탱이었네.

아버지 떠나기 전에 작심하고 물었다네. 제가 누구게요. 분탱이지. 이름이 머냐구요. 분탱이지. 하늘 같은 분탱이지. 아주 오래 전 우리 동네 이야기라네.

시골길

어두운 시골길이다.
인적도 없는 외길이다.
앞서 가는 버스를 따라간다.
도무지 추월할 수 없는,
속도도 마음대로 낼 수 없는,
한밤, 멀고 먼,
외줄기 시골길
터덜터덜 그냥 따라간다.
아무런 꿈도 꿀 수 없다.
어떤 혁명도 도모할 수 없다.
느림보 걸음으로 뒤뚱거리며 가고 있는
저 거대한 버스.

칙간의 보양재

칙간이라고 불렀던 재래식 변소를 다니다보면
가끔은 똥도 밟고 오줌도 밟고 구더기도 밟는다.
낮은 지붕 밑으로 잿간도 함께 붙어 있었는데
아버지가 좋은 거름 만들려고 똥오줌 뒤섞어놓은
잿더미에 빠지며 헤치며 엉금엉금 기어 넘으면
암탉이 낳은 뜨끈뜨끈한 계란이 숨어 있곤 하였는데
아버지 몰래 꺼내들고 뒤안으로 가 까먹는 재미는
오줌 냄새도 똥냄새도 구더기도 별 것이 아니었다.
외갓댁에 가면 외할머니 늘상 꺼내주시던
천하의 보양재 날계란을 몰래 훔쳐 먹으며
나는 무럭무럭 자라 장닭 같은 어른이 되었다.
그러니 오늘 재래식 변소 같은 세상을 거닐면서
똥도 밟고 오줌도 밟고 구더기도 밟긴 하지만
그것이 모조리 살이 되고 피가 되리라.
나도 그들에게 혹간은 똥도 되고 오줌도 되고
구더기도 되면서 보양재 챙겨 주리라.
똥도 아니고 오줌도 아니고 구더기도 아니면
어디 가서 뜨끈뜨끈한 날계란 훔쳐 먹으랴

보길도

모든 죽음은 억울하다.
백도리 해안 절벽에 고사된 송시열의 한,
목숨 걸고 한 판 승부를 건 세연정이 지척이다.

산 것들에게 죽음을 묻는 법은 없다.
산 것들은 살기 위해 모든 죄를 짓는다.
죽은 자들에겐 물을 것이 없다.
죽은 자들은 말이 없어도 모두가 억울하다.

죽어버렸으므로,
지금은 죽어서 사라졌으므로,
다시는 살아 돌아올 수 없으므로,
어떤 말도 더는 할 수 없으므로,
억울하다. 억울하다.

아침이 만드는 바람은 뜨겁다.
저녁이 만드는 바람은 용서 없는 칼바람이다.
〉

산 것들이여,
모든 죽음은 지독하게 억울하므로
그 분노로 바람이 되어라.
모든 잡초들 암벽에 눌러붙이는 거센 바람,
아무리 거친 바람이어도 마침내는 더 억울하리라.

꽃의 영혼

그 많은 꽃들은 죽어서 어디로 갈까.

천국으로 간 꽃은 다음 세상에 하얀 꽃으로 피고
지옥으로 간 꽃은 다음 세상에 검은 꽃으로 피려나.

꽃들의 나라에도 가끔은 증오가 있어서
무심히 꺾다가는 독한 향기에 정신을 잃게 되지.

세상은 말이야, 무섭기도 하단다.
꽃들은 어두운 밤에 서로에게 신호를 보내지.

꽃이 피어도 시들어도 우리들 꽃밭에 산다면,
그건 오해야, 꽃들의 사랑도 독한 것이어서.

그 많은 꽃들이 죽어도 죽지 않고 별이 되는 거지.

쥐구멍

비밀은 비밀로 남아야 해.
그래야 비밀이야.

세상의 쥐구멍은 쥐가 만들지 않았다고 한다.

비밀이 비밀이면 안 되지.
비밀이 어디 있어.

한 여자와의 비밀스러운 사랑을 발설한 쥐에게
그 남자 당당하게 결투를 신청했다는데,

겁이 많은 쥐가 숨을 곳을 찾다가
땅속으로 숨어들었다는 것.

분노한 그 남자가 온 세상 땅을 모조리 뚫었다지.

관상 보는 개

개들의 관상을 보아주는 개가 있었다.
백 살이 넘은 하얀 털의 꼬리 없는 개였다
그 앞에는 개들이 기다란 줄을 만들었고
지나가는 개들도 발을 멈추고 귀를 기울였다.
너는 귀가 살아 있어서 총명하겠구나.
너는 눈에 광채가 돌아 영화롭겠구나.
너는 앞니, 어금니, 튼실하여 먹을 복이 있겠구나.
너는 입술에 탄력이 있어 재복도 있겠구나.
너는 안면의 털이 부드러워 사랑 받겠구나.
너의 어깨는 떡 벌어졌으니 장군감이로다.
너의 앞발은 호랑이보다 강하니 영웅감이구나.
너는 살랑거리는 꼬리를 가졌으니 주인 복이 있도다.
너는 발톱을 전혀 내밀지 않으니 적이 없겠구나.
너는 걸음조차 고양이이니 위험하지 않겠다.
너의 건강한 자세는 그야말로 들개의 상이로다.
그러나 네가 한 번 사슬에 묶이기만 하면
그건 다시 돌릴 수 없는 네 팔자다.
아무리 좋은 관상도 꿈같은 허상이로다.

주는 밥이나 먹고 배 깔고 눈 내리깔고 조는
영락없는 한여름의 개팔자로다.

별타령

밤새 별을 따먹다가 배탈이 났다.
바람이 지나가다가 주먹감자를 내민다.

안 되는 일이 없는 것도 마음속의 일이고
일마다 꿈꾸는 것도 마음속의 일이다.

캄캄한 방안으로 들어가 문을 닫으면
따먹었던 별들이 한꺼번에 쏟아진다.

너 여기에 있는데
손 내밀면 바로 얼굴에 닿는데

부질없는 밤하늘의 별타령이다.
풍선 같은 달에 매달려 별들은 떠난다.

호박꽃의 밤

호박꽃도 밤에는 잠을 잔다.
한 번도 옷 벗지 않고 깊은 잠을 잔다.
어둠을 이불 삼아 별들의 자장가를 듣는다.

그 잠 속으로는 아무도 들어가지 못하지.
세상의 어떤 유혹으로도 방문 열지 못하고
두드리다가 흔들다가 제 풀에 지치고 말지.

어떤 나비도 어떤 벌도 밤에는 제 집을 지킨다.
어떤 바람도 깊은 밤에는 문패를 읽지 못하지.
쓸쓸히 거리를 떠돌다가 존재도 없이 사라지고 말지.

호박꽃은 밤이 되어야 꿈을 꾼다.
밤새도록 꿈을 꾸어야 아침의 사랑이 시작된다.
눈부신 사랑을 위하여 그 밤의 깊은 꿈은 아름답지.

그녀인 이 여자, 이 여자인 그녀

나는 그녀를 이 여자라 부른다.

(삼인칭과 이인칭의 차이, 삼인칭일 때와 이인칭일 때의 차이는?)

나는 그녀라는 호칭으로 그녀에게 무엇이다.
나는 이 여자라는 호칭으로 그녀에게 무엇이다.

나는 간혹 그녀를 시궁창에 처박기도 하고,
때로는 비행기에 태워 별나라로 보내기도 하지만

나는 자주 이 여자를 여왕으로 모시기도 하고,
목숨 걸고 그림자까지 지키려 들기도 하지만,

그녀가 그녀일 때와 그녀가 이 여자일 때
너무도 무게가 다르고, 넓이도 달라져서,

그녀가 이 여자인 그녀일까,
이 여자가 그녀인 이 여자일까,

〉

연구에 몰두하다가도
몰라, 몰라도 그녀야, 몰라도 이 여자야.

그녀를 보내고 나면 이 여자가 다가오고,
이 여자가 떠나고 나면 그녀가 다시 다가와.

그녀가 그녀일 때에는 님이기도 하고,
그녀가 이 여자일 때에는 나이기도 하고.

나는 그그 녀를 이이 여자라 부른다.
나는 그그그 녀를 이이이 여자라 부른다.

공포의 정체 · 1

변기에 앉아 변의 줄기를 가늠한다.

강골이던 사촌이 대장에 문제가 생기자
맥없이 무너졌다.
이까짓 것, 하고 버텼지만 소용이 없었다.

선배 시인 한 분도 변 줄기가 수상해
병원을 찾았다가 다시 집으로 돌아오지 못했다.

변의 줄기가, 변의 굵기가,
이제 시보다 중요하다.
명예보다, 돈보다, 더 중요하다.

변기에 앉으면 세상의 어떤 일도
중요하지 않다.
시원하게 변을 보는 일만이
시원하게 사는 일이다.

공포의 정체 · 2

넣었느냐 안 넣었느냐가 핵심인 세상이야.
뺐느냐 안 뺐느냐는 관심이 없어.
넣었다 빼면 아무 것도 아닌데 넣은 것은 문제라고 야단이야.
넣었으면 어쨌거나 빠지는 것이니 그렇기도 해.

넣으려고 마음을 먹었던 것 아니냐, 쥐 잡듯이 잡아.
쥐를 잡을 땐 대개 마구 패지. 쥐로 태어나면 안 돼.
넣었으면 넣었다고 말을 하래. 개 패듯이 패.
개를 잡을 때에도 매달아놓고 패지. 개로도 태어나면 안 돼.

아무 때나 넣는 걸 즐기는 사람들을 옹호하는 게 아니야.
때와 장소가 문제인 거야. 아니면 관계가 문제라는데.
세상이 변하면서 이 관계라는 놈도 제 정신은 아니지.
도대체 정신 차리고 있는 누군가가 있는 거야, 없는 거야.

교과서가 사이버 공간으로 사라지면 무슨 일이 벌어질까요.
궁금해 해보세요. 돈 내는 일 아니니까.
사이버 공간을 날아다니는 것은 환상적인 일이지요.
우주의 온갖 신비로운 먼지야 금덩어리 아니던가요.

봄꽃

화분 속에서 뱀이 기어나왔다.
동면에서 깨어난 늘씬한 뱀이다.
처음에는 머리만 살짝 내밀더니
기운차게 기어나온다.

겨우내 키운 뱀의 혓바닥
꽃은 뱀의 등허리에 뿌리를 박고
뱀의 피를 빨아 마시며 잠들어 있었다.

봄은 날름거리는 뱀의 혓바닥을
능숙하게 어루만진다.
밤낮으로 아지랑이다.
천지가 안개다.

스르르 기어나오는 뱀
날렵한 혓바닥에 입을 맞춘다.
독한 욕망이 수만 번 자살한다.

문맹 씨

어려서부터 시골에서 자란 그는 문명을 자꾸 문맹이라고 말한다. 자라서도 시골에서 사는 그는 문명을 잘못 배워 문맹으로 알고 있다. 대학도 다니다 말다, 그것도 뒷골목에서 막걸리나 마시던 그는, 시도 때도 없이 문맹이라는 말을 자꾸 하고 싶어 한다. 발음을 확실하게 하라 다그치면 문짜도 빼고 아예 맹맹거린다. 그와 상대하면 부끄러워지고 그와 대화를 나누면 울화가 치민다. 문명이야 문명이야 탄식하면, 문맹이지 문맹이지 노래한다. 춤도 춘다. 역시 사람은 서울에서 태어나야 하고 대학도 제대로 다녀야 한다. 이 땅에는 시골에서 태어난 사람이 없어야 하고, 그러려면 모든 시골을 도시화하거나 문명화시켜야 한다. 어쩌다 거리에서 그를 만나면 사람들은 이죽거린다. 문맹 씨, 잘 살고 계셔? 아직도 살아계셔? 문맹 씨, 참 기적이네.

산타 아버지

아이의 소원은 초코파이
그 해 산타는 초코파이를 가져다 주었네.
아이의 소원은 생고구마
그 해에도 산타는 생고구마를 가져다 주었네.
아버지는 쉽게 주지 않는 초코파이
아버지는 쉽게 주지 않는 생고구마
바랄 때마다 양말 속 가득 산타는 가져다 주었네.
아이는 아버지보다 산타를 더 좋아하고 숭배했네.
당신이 죽기 전에는 산타는 반드시 올 거라시던,
아버지 돌아가시자 초코파이는 정말 더 이상 오지 않았네
아무리 들여다보아도 생고구마는 양말 속에 들어있지 않았네.
아버지는 산타까지 데리고 저승으로 가신 거였네.
약속한 아버지 제발 나의 산타를 돌려주세요.
제겐 아직도 초코파이와 생고구마가 필요합니다.

| 제2부 |

벼룩이 간

虎兎傳 · 5

토끼들은 언제나 호랑이가 되는 꿈을 꾸고 살았다.
어찌 하면 호랑이가 될 수 있을까 밤이나 낮이나 생각했다.
무엇을 먹으면 호랑이가 될 수 있을까.
어디로 이사를 가면 호랑이가 될 수 있을까.
어떻게 사랑을 하면 호랑이 새끼를 낳을 수 있을까.
천 년을 꿈꾸었으나 토끼는 오늘도 토끼일 뿐이었다.
천 년을 꿈꾸었으나 호랑이 새끼는 호랑이굴에서만 생겼다.
그래도 토끼들은 호랑이 꿈을 버리지 않았다.
호랑이 꿈을 버리면 정상적인 토끼가 아니었다.
호랑이 꿈을 꾸다가 호랑이 밥이 되는 토끼들이
호랑이 뱃속에 들어가 토끼가 되어 나온다면야
호랑이들이 모조리 토끼가 되어버리는 세상이 온다면야
그런 세상이라도 오기만 한다면 좋겠다 좋겠다.

아리랑 아리랑 아리랑이여
쓰리랑 쓰리랑 쓰리랑이여

虎兎傳 · 6

한 번은 토끼가 호랑이에게 청혼을 했다.
아무래도 종자를 개량하려면 다른 방법이 없었다.
처음에는 호랑이도 신기해서 받아 주기도 했다.
새끼가 반 호랑이어서 동료들에게 먹히기 전까지는

한 번은 호랑이가 토끼에게 청혼을 하기도 했다.
애써 돌아다니며 먹이를 구할 필요가 없었다.
게다가 먹이의 질과 맛도 색다른 점이 있었다.
낳은 새끼마다 잡아먹어도 평생을 놀고 먹을 수가 있었다.

아리랑 아리랑 아리랑이여
쓰리랑 쓰리랑 쓰리랑이여

虎兎傳 · 7

동물의 왕국에서는 호랑이가 왕이다.
동물의 왕국에서 토끼는 평화의 상징이다.

토끼들은 호랑이 왕을 숭배하면 위험하지 않다고 믿었다.
호랑이들은 토끼 도시락이 풍족해야 한다고 믿기도 했다.

왕이시여, 신보다 더 거룩하신 왕이시여,
굶주려도 함부로 살생하지 않는 자비로운 왕이시여.

우리가 그대를 믿나니 우리는 착한 토끼일세.
자운영 꽃밭을 평화롭게 뛰노는 우주의 영물일세.

아리랑 아리랑 아리랑이여
쓰리랑 쓰리랑 쓰리랑이여

虎兎傳 · 8

호랑이는 산 너머 다른 호랑이가 궁금하였다.
토끼들아, 산 너머 자운영 꽃밭은 낙원이라더라.

산 너머로 간 토끼들은 다시 돌아오지 않았다.
호랑이도 당분간은 오수를 즐길 수 있었다.

위대한 호랑이를 위하여 목숨을 바쳐도 행복했다.
바치지 않아도 바치게 될 목숨이 소중했으므로.

토끼들은 떼로 몰려다녀도 전혀 부딪치지 않았으나
자신들이 부딪치지 않는 이유를 알 수 없었다.

우물 안 개구리도 우물 속에서 살 수는 있다.
누군가의 손바닥 안에서 살아도 손바닥이 문제랴.

아리랑 아리랑 아리랑이여
쓰리랑 쓰리랑 쓰리랑이여

虎兎傳 · 9

싸움이 생긴 토끼들이 법정에 호소했다.
법은 토끼들에게 마지막 신앙이었다.
재판관은 호랑이였다.

첫 번째 토끼들은 먹이를 두고 싸움을 벌였다.
호랑이 보기에 얼굴도 모르는 토끼들이었다.
사이좋게 나누어 먹도록 하라.

두 번째 토끼들은 영역을 두고 싸움을 벌였다.
호랑이 보기에 약한 토끼가 불쌍했다.
키 큰 놈아 너는 땅 없이도 살 수 있지 않느냐.

세 번째 토끼들은 암놈을 두고 싸움을 벌였다.
호랑이 보기에도 탐스러운 암놈이었다.
두 놈 다 이 땅을 떠나거라.

아리랑 아리랑 아리랑이여
쓰리랑 쓰리랑 쓰리랑이여

虎兎傳 · 10

호랑이 목에 방울을 매다는 토끼들이 있었다.
매달러 가서는 다시 돌아오지 않는 형제들
찾아 다시 용감하게 방울을 챙겨 떠나는
호랑이 목에 방울을 매다는 토끼들이 있었다.
호랑이 목에 방울을 매단들 무슨 소용이랴.
호랑이 목에 방울을 매다는 것이 꿈이 아니라,
호랑이 목에 방울을 매달러 떠나는 것이 꿈인,
호랑이 목에 방울을 매다는 토끼들이 있었다.
호랑이 목에 방울을 매달러 떠났다가
다시는 돌아오지 않는 것이 꿈이고 자연인
토끼들의 나라는 사철 자운영이 무성하고,
토끼들을 잘 잡수시는 호랑이들의 나라는
웬일인지 자꾸 출렁이다가 가라앉고 사라지고
호랑이 목에 방울을 매다는 토끼들이 있어서
방울을 매달러 갔다가 사라지는 토끼들이 있어서
오늘도 해는 뜨고 해는 지고 있는 것이다.

虎兎傳 · 11

처음에는 호랑이 꿈이었다.
온몸이 하얀 호랑이가 마치 신선처럼 주저앉아
어머니 눈을 하고서 지그시 내려다 보았다.
기겁을 하다가 마음을 가라앉히고
가라앉은 마음으로 다시 호랑이를 보는 순간
사라졌다.

뒤이어 나타난 무수한 토끼들이
호랑이 눈을 하고서 덤비기 시작했다.
이런 가소로운 것들이,
처음에는 밀치기도 하고 발로 걷어차기도 하였다.
종내는 달아나는 도리밖에 없었다.
깨고 나니 개꿈, 내가 불쌍해진다.

아리랑 아리랑 아리랑이여
쓰리랑 쓰리랑 쓰리랑이여

虎兎傳 · 12

어둠 속으로 들어가는 사람들은 괴이하다.
어둠 속에서 나타난 것들은 일견 분명하다.
귀신이던가, 아니면 바람이던가.
어둠의 자식들은 공포조차도 먹어야 산다.

그 밤에 나타난 괴이한 물체에 대하여
누구는 호랑이라 말하였다.
누구는 토끼라 말하였다.
호랑이라 말한 토끼가 몸을 떨었다.
토끼라 말한 호랑이는 입맛을 다셨다.

밤이 없는 세상에서 꿈도 꾸지 않고
눈 감고도 겁 없이 사는,
호랑이도 토끼도 아닌 것이 빙긋이 웃었다.

아리랑 아리랑 아리랑이여
쓰리랑 쓰리랑 쓰리랑이여

虎兎傳 · 13

삼천리 금수강산에 호랑이가 살았다.
조상 대대로 호령만 하면 산천이 떨었고,
떨어지는 산천을 주워만 먹어도 배가 불렀다.
그래도 삼천리 금수강산이었다.

그 호랑이 사랑만 하다가 마침내 굶주렸다.
기력이 쇠잔하여 먹이 사냥도 할 수가 없었다.
사랑은 너무 깊어서 그만둘 수가 없었다.
사랑이라면 호랑이 탈도 벗을 수 있었다.

굶어죽은 호랑이의 새끼가 겨우 살아남았다.
젖도 없이 먹이도 없이 풀잎 이슬이나 떨어 마셨다.
사냥법도 배우지 못하고 방어술도 잊어버렸다.
지나던 토끼들이 웃었다.

쟤가 고양이 돌연변이래.
그래도 고양이가 맞아.

虎兎傳 · 14

하루는 호랑이가 호랑이가 되었다 호랑이가 호랑이가 되기 전에는 미처 모르는 게 많았다 특히나 고기 맛은 전혀 몰랐다 특히나 땅값은 더더욱 몰랐다 그 땅에 그 많은 토끼들이 살고 있을 줄이야 저놈들은 왜 저렇게 불쌍한 토끼로 태어났을까 끝내 아리송해서 호랑이가 호랑이가 되었다

하루는 토끼가 토끼가 되었다 토끼가 토끼가 되기 전에는 미처 모르는 게 많았다 특히나 풀맛은 전혀 몰랐다 특히나 하늘 값은 더더욱 몰랐다 그 하늘에 호랑이들이 그렇게 많이 살고 있을 줄이야 저놈들은 왜 저렇게 거대한 바람이 되었을까 끝내 아리송해서 토끼가 토끼가 되었다

호토전 · 15

산토끼 쫓다가 집토끼 놓칠 일 없다.
집토끼 지키다가 산토끼 놓칠 일 없다.

집토끼는 착해서 품안에서 떠나지 않는다.
산토끼 달아나도 배고프면 금방 내려온다.

호랑이끼리 먹이싸움 하지 않아도 된다.
토끼들은 밤만 시나번 두 곱 세 곱 늘어난다.

하루살이에게도 하루하루 우주는 있다.
토끼들에게만 없는 우주가 허공을 맴돈다.

호토전 · 16

토끼 아가씨가 시집을 갔다.
위엄 가득한 토끼 신랑이 존경스러웠다.

시도 때도 없이 호랑이 울음소리가 들려왔다.
단잠은커녕 단꿈은커녕 달달달 떠는 칼밤이었다.

아침이면 사라지는 토끼 신랑 저녁이면 다시 구하고
저녁에 구한 토끼 신랑 얼굴도 모른 채 떠나곤 했다.

토끼 나라냐, 호랑이 나라냐, 그래도
토끼 없는 호랑이 나라 없고 호랑이 없는 토끼 나라 없다.

아침마다 토끼는 호구虎口로 가고 저녁마다 시집을 가도,
토끼들은 토끼답게 아름답다. 차암 착하다.

호토전 · 17

호랑이 한 마리가 꿈꾸던 토끼가 되었다
되자마자 호랑이에게 쫓기는 신세가 되었다

토끼 한 마리가 꿈꾸던 호랑이가 되었다.
되자마자 토끼들 잡아먹는데 시간 가는 줄 몰랐다.

횟집의 칼잡이

네 아무리 불쌍한 눈으로 살려 달라 해 봐라.
네 아무리 혼신의 힘을 다해 소리를 쳐 봐라.
네 아무리 눈 부릅뜨고 복수를 다짐해 봐라.
네 아무리 섬뜩한 주문으로 저주를 퍼부어 봐라.
회칼은 여지없이 네 멱을 따들어 오고,
칼 잡은 손은 기분 좋은 콧노래를 부른다.
여기저기 태평성대의 유행가가 시끌벅적하고,
빌어먹을 네 우주는 한 잔의 소주 안주에 불과하구나.

시 밥상

밥상이 걸다
맛있는 쌀밥에는 윤기가 철철 흐른다.
펄펄 끓는 찌개에는 영양가 넘치는 고기로 가득하다.
봄냄새 풀풀 날리는 온갖 나물 반찬도 근사하기 짝이 없다.
식구들 둘러앉아 숟가락 돌리고 젓가락 돌리고,
이 얘기 저 얘기 오순도순 아랫목도 따뜻하고,
사실 밥상은 바라보기만 하여도 배가 부르다.
먹어보면 또 그 맛이야 오죽하리야.
손님 불러 대접하는 마음도 향기롭다.
차려서 즐겁고, 마주앉아 기쁘고, 먹으면 배부르고,

그렇게 밥상이다.
혼자 먹지 마라.
말 없이 밥만 먹지 마라.
고기만 먹지 마라.
비싼 나물 먹지 마라.
수입 양념 쓰지 마라.

벼룩이 간

벼룩이 간은 너무도 신비해서 설명할 수 없다.
눈에 보이지도 않는 것이 태산보다 높기도 하다.

벼룩이 간의 맛은 불로초보다 더 향기롭다.
입도 대기 전에 기절하기 일쑤라는 소문이다.

벼룩이 간을 빼먹으면 천 길 만 길 뛰어오를 수 있다.
벼룩이 간을 빼먹는 순간 축지법의 달인이 된다는 것이다.

다른 간은 아니라도 벼룩이간만은 꼭 먹을 필요가 있다.
벼룩이 간이 세상에서 가장 비싼 간이다.

그러니 벼룩아,
어쩔 수 없이 네 간을 내놓아야겠다.

그녀의 핸드폰

그녀의 핸드폰 너머로 빗소리가 들렸어 비에 맞고 실신하는 벚꽃들의 아우성도 들렸어 떨어지는 벚꽃 세례에 비명을 지르는 어린아이의 비명소리도 들렸어 아이엄마가 소리치더군 제발 그 핸드폰 좀 꺼주세요 핸드폰 때문에 비가 오고 비 때문에 벚꽃이 떨어지고 벚꽃 때문에 우리 아이 울잖아요 그녀의 핸드폰 너머로 그 여자의 하소연도 들리더군 비가 오더니 이런 사고가 터졌어 그녀와 지척인 이곳에는 아직도 함박눈이 쏟아지는데 그녀의 핸드폰에서는 여전히 빗소리야

방패연아

—죽마고우를 보내며

허허 벌판 눈밭에서 방패연을 날리고 있었네.
겨울바람이 윙윙거릴수록 방패연은 하늘로 치솟고,
우리는 눈 쌓인 논두렁에서 꿈을 잡고 있었네.

아차 하는 사이 방패연이 미루나무 끝에 걸렸네.
오도가도 못하는 방패연은 혼자 허공에 떠있고,
우리는 실없이 연자세만 감았다가 풀었다가.

팽팽하게 떠올라 허공에 박힌 방패연을
혼자 두고 갈 수 없어 발만 동동 구르다가
기어이 연줄을 끊어야 한다네. 마음껏 날아가거라.

날아서 빛나는 은하수 건너 별나라로 가거라.
낯익은 기러기도 데불고 뜨거운 함박눈도 데불고,
뒤돌아보지 말고 본향 찾아 날아가거라, 방패연아.

| 제3부 |

고공비행

논두렁

첫째 아들 얻고 면사무소 출생신고 가는 남자, 논두렁 친구 술 한 잔 마시자 해도 뿌리친다.

둘째 아들 얻고서는, 그려, 신고는 내일 해도 되는 거 아녀. 논두렁에 붙잡혀 막걸리 몇 잔 들이킨다.

셋째딸 얻고서는 빈 논두렁에서 고함친다. 누구 막걸리 한 잔 안 힐 거나. 신고는 무슨 신고.

벼들이 일제히 고개 들며 수런댄다. 지랄 같은 봄은 왜 또 오나. 천 년 만 년 논두렁은 왜 이리 푸르기만 하냐.

혀, 마음대로 안된다

이빨 치료를 받는 중이다.
입을 잔뜩 벌리고 의사가 치료 중이다.
의사가 한마디 한다.
혀에서 힘을 빼세요.
혀에서 힘을 빼려는데 어찌 할 도리가 없다.
간호사도 한마디 한다.
혀에서 힘을 빼세요.
입을 벌리고 있으니 말은 할 수가 없고
용을 써 봐도 혀에서 힘이 빠지지 않는다.
어찌어찌 치료를 마친 의사가 또 한마디 한다.
혀 하나도 마음대로 못하시나요.
평생 교단에서 주둥이로 살았고,
글도 어쩌면 혀의 운동일 수 있는데
어찌 나는 내 혀조차 마음대로 못할까.

고공비행

비행기의 고공비행은 구름 위로 훨훨 나는 것이다.

독수리의 고공비행은 대륙의 산맥을 훌쩍 넘는 것이다.

잠자리의 고공비행은 미루나무 위를 살짝 넘는 것이다.

개미의 고공비행은 구겨진 신문지 하나 타고 넘는 것이다.

나의 고공비행은 고작 사람 하나 훌러덩 넘는 것이다.

그런데 그대가 고공비행을 시작하기만 하면,

구름도 산맥도 미루나무도 구겨진 신문지도 아무 것도 아니지.

스마트폰

스마트폰 속에는 무엇이든 집어넣을 수 있다.
하늘도 집어넣을 수 있고, 땅도 집어넣을 수 있다.
산도 집어넣을 수 있고, 바다도 집어넣을 수 있다.
책도 집어넣을 수 있고, 그림도 집어넣을 수 있다.
음악을 집어넣는 것도 문제가 아니다.
세상의 놀이란 놀이는 다 들어갈 수 있다.
나라도 집어넣을 수 있고 세계도 집어넣을 수 있다.
돈도 얼마든지 집어넣을 수 있다.
내 고향도, 유년의 초등학교도, 집어넣기만 하면 들어간다.
사람도 집어넣을 수 있다.
부모도, 자식도, 애인도, 집어넣기만 하면 다 들어간다.
스마트폰 속은 바다보다 깊고 우주보다 넓다.
손 안에 달랑 들어가는 것이 참 대단하기도 하다.
무엇이든 집어넣기만 하면 다 들어간다.

그래서 하루종일 스마프폰만 들여다보아도 살 수 있다.
그 속에 다 들어 있으니 얼마나 편리하냐
내 맘대로 들여다보고 대화할 수 있으니 애완견보다 낫다.

보기 싫으면 닫으면 되고, 보고 싶으면 다시 열 수 있다.

그에게 나는 황제이고 하늘이다.
절대로 마음을 바꾸지 않는 애인이다.
친구도 별로 필요치 않다.
부모도, 형제도, 이제는 역할이 없다.
스마트폰만 있으면 세상에 못할 게 없다.

그런데 하루종일, 혹은 며칠이고 스마트폰과 놀다보면
당연히 배가 고파온다. 이제 알겠다.
이놈의 결정적인 단점은 밥을 챙겨주지 않는다는 것이다.

전설은 주문이다

개미는 개미대로의 전설이 있다. 개미가 되어봐야 알 일이다.

호랑이는 호랑이대로의 전설이 있다. 호랑이가 되면 알 수도 있을 것이다.

꽃도 꽃대로의 전설이 있다.

전설 속에는 들리지 않는 주문들이 있기 마련인데

잘 먹고 잘 살아서 영원히 죽지 말고 피라는

피보다 진한, 말보다 강한, 마치 바람 같기도 한,

그런 묘한 신호들이 서로도 알 수 없는 사이에

전설로 이어지지. 들리지 않는 주문이지.

목로주점
—어떤 남녀의 대화

내가 녹초가 되어 널 찾았지.
걷지도 못하고 바닥을 기어기어 널 찾아갔지.
너의 냄새를 따라 본능이 끌고 간 멀고 먼 길이었어.

넌 술냄새에 코부터 막았지.
넌 아무도 없는 골목으로 날 이끌었지.
손도 아니고 소매자락을 잡았던 것 같아.

그게 옛날이야.
절대로 지워지지 않는 어제 같은 옛날이야.
부끄럽기도 하고 화가 나기도 하는 옛날이야.

그런데 그 옛날에 너는 없는 거야.
그 옛날에는 나만 남아있어.
넌 그 전에 이미 그 자리를 떠난 거야.

그러니 너는 기억하지 마라.
기억할 수 없어야 해.
절대로 돌아가지 못할 옛날에 너 오늘 왜 가는 거니.

꽃비빔밥

태안 신 여사네로 몰려갔지.
그녀의 꽃비빔밥이 일품이라는 소문 따라 갔지.
밤새 이야기꽃 피우다가 겨우겨우 일어난 아침

소문대로 꽃비빔밥 보기에도 그만이고 맛도 그만이었어.
입이 떡 벌어진 밥상 앞에서 찬사도 잊고 말았지.
저마다 핸드폰 들고 사진 찍어대느라 분주하기도 했어.

밖으로 나와 모퉁이를 도니
담장 밑에 온갖 꽃들이 지천이드만.
가만히 보니 아침상에 오른 꽃들이 분명했어.

그런데 이건 뭐야.
밤중에 술 마시다가 달려나와 들입다 소변을 보아댄
그 담장이 이 담장이었네.

내 소변으로 일차 헹궈낸
보기 좋고 맛있는 꽃비빔밥
먹고서 저리들 좋아라 야단이네. 히히덕거리네.

주인 없는 신발

주인 없는 신발이 고속도로를 걸어가고 있어.
한 쪽은 헤진 운동화이고 한 쪽은 어린아이 슬리퍼야.
운동화는 아이의 어머니거나 언니거나 오빠거나 하겠지.
아이는 여자아이인 것 같아. 머리를 땋았을 지도 몰라.
한 쪽 신발들만 남아서 고속도로를 걸어가고 있어.
나머지 신발 한 쪽을 찾아 열심히 걸어가고 있어.
그 신발 대전 쯤 갔을까. 아니면 부산쯤 갔을까.
대전에 가면 만날 수 있을까. 부산에 가면 만날 수 있을까.
주인 없는 신발이 말없이 고속도로를 걸어가고 있어.
가을바람이 동행하면서 함께 떠난 한여름을 뒤쫓고 있어.
사람들은 신발을 잘도 피해 고속도로를 달리고 있어.
겨울바람이 사정없이 그 뒤를 쫓아오고 있어.

꽃의 연인

꽃은 사랑하고 싶어야 비로소 핀다 하더라.
꽃은 나무의 아름다운 거시기라 하더라.
세상의 모든 것은 꽃의 거시기라 하더라.
살랑거리는 바람도 알고 보면 꽃의 거시기,
찾아드는 벌나비도 알고 보면 꽃의 거시기,
꽃을 꺾는 인간도 알고 보면 꽃의 거시기,
벌나비도 사람도 바람도
꽃만 만지면 바르르바르르 떤다 하더라.
영문도 모르고 심장이 벌름벌름거린다 하더라.
그러나 꽃의 연인은 오직 꽃이라 하더라.
거시기에 지나지 않는 알량한 몸으로 아무리 매달려도
꽃의 연인은 그저 꽃이라 하더라.

꽃다운

꺾으라 피는 꽃도 꺾으면 짐짓 꺾지 말라 한다. 꺾어야 사는 생명이 다 그렇다. 꺾지 않으면 꽃도 꽃이 아니다. 꺾는 손이 검든 희든 무슨 상관이랴. 꺾어야 비로소 꽃이 되는 꽃의 꽃 됨은 아파야 생명을 얻는다.

꺾으라 피지 않는 꽃은 살아있는 꽃이 아니다. 꺾어서 안 되는 꽃은 아름다운 꽃이 아니다. 사랑하지 않아도 되는 꽃이 이 땅에 핀다면 바람은 왜 불고, 벌나비는 왜 노닐고, 그대의 창가에 꽃다발은 왜 놓여있을까.

꽃이 꽃다운 것은 꽃이어서이다. 밤이나 낮이나 가리지 않고 꺾여서이다. 꺾일수록 꽃다워지는 피의 향연이어서이다. 한 방울 피로도 우주를 여는 신비로운 몸의 신호여서이다.

꽃들의 난리

개들이 놀이처럼 짖어대자
놀란 개나리가 화들짝 핀다.
아까부터 제 키보다 높은
개나리꽃 따먹으려고,
하얀 강아지 한 마리 공중돌기 한다.

언제 뜨거운 바람이 예까지 왔다.
해는 중천에 멈춰 서서 침을 흘린다.
봄이라고 오기만 하면 다냐.

볼짱 다 보고 싶은 것은 개들만이 아니다.
천지가 가슴 빠개 열고 어서 죽이라 한다.
봄도 칼 든 봄이었으면,
칼도 빛나는 명검이었으면,
바램도 답답하여 꽃들은 난리다.

그 여자 · 1

고급 한정식 식당이다. 그 여자 가족들과 식사 하러 왔다. 이제 두 돌도 안 되는 아이가 보챈다. 달래도 더 큰 소리로 울어댄다. 종업원이 어린아이를 달래본다. 손님들이 많으니 울면 안 된단다. 겁이 난 어린아이 더 큰 소리로 운다. 그 여자 화가 났다. 두 돌도 안 된 어린아이가 무얼 안다고, 울음을 그치라 마라야. 이건 모독이다. 종업원 불러 닦달한다. 당신은 아이도 키워보지 않았느냐. 어린아이에게 무슨 협박이냐. 협박이 아니라 달래본 겁니다. 그 여자 막무가내다. 사과하지 않으면 그냥 두지 않을 거야. 종업원도 만만치 않다. 사과할 일이 아니다. 화가 난 그 여자 더 큰소리로 다그친다. 이런 우라질, 사과하라구. 그 여자 가족들은 밖에서 담소 중이다. 식당 안은 앙칼진 소리로 가득하고, 다른 손님들이 기가 죽는다. 그래도 우리나라는 민주국가야. 할 말은 하고 사는 것이지. 기분 나쁜 걸 왜 참나. 쐬주가 땡기는 날이야.

그 여자 · 2

그 여자 바쁘다. 출근시간이 늦었다. 종종걸음으로 시내버스에 오른다. 그런데 어랍쇼. 교통카드에 잔액이 부족하다. 이걸 어찌 해야 하나. 내려야 하나. 그냥 모르는 척 가야 하나. 운전기사가 한마디 한다. 다음에는 충전해서 쓰세요. 열 받는다. 웬 충고. 운전이나 잘 하시지. 오늘은 그냥 타고 가라는 이야기이나 자존심이 이만저만 상하는 게 아니다. 그 여자 다시 내려 버스 앞을 가로막는다. 삿대질 시작한다. 카드 잔액 부족한 것이 대수냐. 대놓고 망신을 주다니. 사과하지 않으면 이 버스 못 간다. 운전기사 기가 막힌다. 손님들이 타고 있어요. 무슨 상관이야. 사과해라. 손님들이 말린다. 어서 갑시다. 그 여자 굽히지 않는다. 사과를 받아야 갑니다. 경찰을 불러도 소용이 없습니다. 동영상 찍거나 말거나다. 민주국가이니 쪼심 상하는 일 있으면 당연히 따져야지. 소신은 정말 중요한 것이다. 쪼심 상한 걸 왜 참나. 쐬주가 땡기는 날이야.

그 여자 · 3

김밥을 사러 갔다. 유명한 집이라 사람이 많다. 주인 여자 공간이 작으니 밖에 나가 기다려 달라고 한다. 그 여자 아무리 기다려도 차례가 오지 않는다. 뒷사람이 먼저 들고 나가기도 한다. 어이가 없어 주인 여자를 불러낸다. 이거 말이 됩니까. 내가 한참이나 먼저 왔잖아요. 어머니뻘인 주인여자 연신 머리를 조아린다. 죄송합니다. 바쁘다보니 잊었습니다. 금방 준비해드리지요. 그 여자 소리친다. 됐습니다. 까짓 김밥 안 먹으면 그만이지만 날 실서리에 반시간이나 세워둔 건 어쩔 겁니까. 손이 발이 되도록 빈다. 죄송합니다. 아니지요. 그런 말로 넘어가지 마세요. 죄송합니다. 당신 인간이 참 못됐군요. 죄송합니다. 이거 그냥 못두겠어요. 그 여자 김밥집 앞에 김밥집 주인여자 붙들어놓고 반나절을 교육한다. 김밥 사러온 손님들이 그냥 간다. 죽을 죄를 졌고만. 당해도 싸다. 싸. 손님 알기를 우습게 아는 나라는 민주국가가 아니란 말이지. 김밥 한 줄 사러 왔다가 쓴 입맛 다스리며 쐬주집으로 간다.

그 여자 · 4

신랑 죽고 아이들은 어리다. 그 여자 이 남자 저 남자 실실 만나보지만 생활비 보태줄 놈은 눈 씻고 찾아보아도 없다. 애꿎은 친정아버지 찾아간다. 노인네 죽으면 그 돈 어차피 나 줄 건데 어려울 때 주면 안 되나요. 노인네 하는 말이 내 눈에 흙 들어가기 전에는 그럴 일 없을 거다. 그 여자 답답하여 삿대질이다. 그렇게 등신처럼 살다보니 딸자식도 형편 없는 거 아닙니까. 자식을 낳았으면 책임을 져야지요. 그것도 외동딸이잖아요. 무덤까지 가지고 갈 것도 아니면서 왜 못 내놓나요. 노인네 등 돌리자, 그 여자 등 뒤에 침 뱉는다. 언제까지 사나 봅시다. 세상은 순리대로 살아야지요. 아무렴 그렇지, 순리가 제일이지. 그 소리 주워듣는 저녁 쐬주 한 잔 마신다.

그 여자 · 5

아무개 가라사대, 남편이 세상을 떠나고 나면 머지않아 남편의 가까웠던 친구가 찾아올 것이다. 큰 도움이 못되어 죄송하다면서 금일봉을 내밀기도 할 것이다. 하나가 다녀가면 또 하나가 찾아올 것이다. 무엇이든 돕고 싶다 하는 그들을 조심해라. 그 여자 가라사대, 그 말씀이 옳기도 합니다. 그 남자들 조심해서 피하는 것은 좋지만 나는 어떡합니까. 아무개 무덤 속에서 중얼거린다. 그건 하다가 만 이야기라네. 이야기 나 하려면 아직 멀었어. 세상이 변해서 신기할 지경이면 그 속에서 함께 놀다 가는 것도 나쁘진 않지.

그 여자 · 6

맨션아파트에 사는 그 여자 달콤한 점심식사 끝내고 산보 나간다. 학교에 간 딸내미보다 더 예쁘게 옷을 입힌 강아지 데불고 허연 종아리 자랑스럽게 흔들며 아파트 내 숲으로 나선다. 낑낑대던 강아지 냅다 숲속으로 뛰어들더니 똥을 눈다. 마침 지나던 남자 이 광경을 보았겠다. 이러시면 주민들이 불편해 합니다. 강아지 볼일은 집안에서 하셔야 합니다. 그 여자 눈이 뒤집어진다. 당신 뭐야. 관리소장입니다. 관리소장 주제에 주민에게 무슨 버르장머리야. 버르장머리라뇨. 강아지 똥은 강아지 주인께서 수거를 해 가셔야 하는 것이 공동주택의 규칙입니다. 규칙 같은 소리 하고 있네. 당신 할 일은 제대로 하는 거야. 이참에 그만두고 싶어. 무슨 그런 말씀까지. 그러면 가만히나 있으라구. 관리소장이 볼일 마친 강아지 똥을 수거한다. 그 여자 팔짱낀 채로 쏘아부친다. 꼴값 떨고 있네. 병신이 따로 없어. 그러니 그 꼴로 살지. 강아지 똥을 치운 관리소장 쐬주 한 잔 마시러 간다.

그 여자 · 7

그 남자 식사 중 담배 생각이 난다. 슬그머니 일어나 식당 밖으로 나가 벤치에 앉는다. 담배 한 대 불을 붙이는데 그 여자 옆자리 벤치에 앉는다. 여보세요. 담배 냄새 나잖아요. 담배 피는 걸 보았으면 다른 자리로 가 앉으면 될 건데 굳이 옆자리로 와 시비를 건다. 그 남자 그 여자를 바라본다. 뭘 봐요. 다른 곳에 가서 피우세요. 그 남자 며느리뻘 그 여자를 한참 더 바라보다가 벤치에서 일어난다. 세상 말세야. 나야 죽으면 그만이지만 이 꼴로 나라가 제대로 될랑가 몰라. 씨 주나 한 잔 더 마시자. 그 남자 식당 안으로 들어가며 밖을 향해 가래침을 뱉는다. 날은 우라지게 덥네. 비나 쏟아져라. 그러게 담배 끊으라 몇 번이나 말했냐. 옆자리 친구가 쯧쯧 거리며 소주 한 잔 따른다.

그 여자 · 8

개를 기르는 그 여자와 커피를 마신다. 불쌍해서 끝내 못 버린다는 개를 기르면서, 개가 좋긴 하다는 그 여자, 개를 좋아하면서 남자를 좋아할 수 있을까, 물었더니 개하고 남자는 다르다고 한다. 그러면 개하고 남자가 같은 건 뭐냐, 물었더니 짐승, 한다. 다른 건 뭐냐 물으니, 으르렁, 한다. 개를 기르는 여자는 어쩐지 싫어. 개를 사랑하는 마음이 어느 정도 깊이인지 궁금해져. 그 여자 한마디 한다. 개는 배신하지는 않아. 죽을 때까지 충성하지. 이 땅에 남자들은 다 사라지고 개들만 남았으면 좋겠어. 얼마나 좋을까. 그 남자 일어나 쐬주 마시러 간다. 개만도 못한 세상에서 얼마나 더 살아야 하나.

| 제4부 |

미끼

달규

초등학교 동창생인 달규는 지능이 일 할 정도 빠져 있어서 일년 삼백육십오 일 친구들의 놀림감이 되었는데 그 놀림까지도 사랑으로 받아들일 만큼 착해서 천사가 따로 없드랬지. 누나가 시집가는 날 친구들 우 몰려가서 동네사람들이 신랑 닦달하는 거 구경했는데 하늘같은 누나 떠나고 달규도 자라서 새각시를 얻었드랬지. 선녀 같은 각시가 딸 하나도 낳아주고 논일 밭일도 마다 않고 땀 흘려 일했드랬지. 너무 이뻤던 거야. 한 집 건너 동네 사내 한 놈이 받둑 너머 솔밭에서 손을 슬쩍 당겨보았는데 그냥 끌려오더라는 거야. 다음날 막걸리 한 잔 마신 그 사내 동네 다른 사내들에게 저 이쁜 선녀년이 거시기하드라 떠들어댔다지. 그 날 저녁 두 집 건너 사는 사내가 달규네 집 찾아가 달규 술 사오라 심부름 시켜놓고 그 사이 각시 손 슬그머니 끌어당겼더니 어랍쇼 그냥 자빠지드란다. 다음날엔 건너마을 사내까지 안방으로 쳐들어와 달규 심부름 보내놓고 각시와 놀았다는데 동네 다 아는 소문도 달규는 몰랐드랬지. 어찌어찌 하다 달규네 보따리 싸들고 서울로 이사를 갔는데 몇 년 안 가 부고가 왔네. 각시 선녀 새서방 얻어 어디론가 떠나고 달규 천사는 아등바등하다가 끝내 지가 살던 하늘나라로 떠났다고. 슬프지 않아.

밥상 차리는 그녀

할머니는 째보라서
식구들 밥상 차려 안방에 밀어넣고
당신은 아궁이에서 타다만 고구마를 까먹었다.
그럴수록 입술은 더 시커멓게 타들었다.

어머니는 곰보라서
식구들 밥상 차려 마루에 올려놓고
당신은 부엌에서 누룽지를 긁어먹었다.
그럴수록 손아귀 힘은 더 세져 갔다.

나는 밥통이라서
식구들 밥상 차려 김치찌개 끓여놓을 때
바닥에 고기 깔아 나중에 모조리 건어먹을 수 있었다.
이게 다 할머니, 어머니, 고생하신 덕택이다.

꽃의 가시

가슴에 무수히 꽃을 매달아 주어도
꽃 너머에서 향기로운 꽃을 찾는다.

가슴에서 붉은 꽃 하나 무심히 떼어내면
가시 하나 매달려 빠지지 않는다.

불이야

불은 누군가가 사고를 쳐야 붙지. 한 번 붙으면 꺼질 줄을 몰라. 바람이 불면 더 잘 타지. 기름 부으면 세상 모르고 타.

불이 타다가 꺼지면 김이 빠지지. 타다가 꺼진 걸 어디에 쓰나. 타려면 아주 타야 해. 모조리 타야 해. 남기는 거 없이 모조리 타야 해.

타는 불에 물 뿌리면 꺼지지. 지랄같이 난리를 치다가 마침내 꺼져버려. 세상이 조용하지. 불구경 왔다가 모두 돌아가지. 타는 불에 제발 물 뿌리지 마.

나는

나는 흐르는 강물 위에 떠가는 낙엽에 당분간 몸을 맡긴 개미 한 마리 누군가 의식도 없이 문득 우물 안에 빠트린 알에서 부화한 올챙이 한 마리 물속에 빠진 그물망 안에서 무럭무럭 자라 이제는 도무지 빠져나갈 수 없이 자라버린 물고기 한 마리 강아지 발톱 속에 끼어 있다가 보신탕과 함께 삶아지는 기생충 한 마리 눈 뜨면 세상을 온통 손바닥에 올려놓고 감이다 배다 한 걸음에 신이 되기도 하는 나는

신기한 일

신기한 일이다. 엄청난 통나무 원목 싣고도 바퀴가 굴러간다.
신기한 일이다. 수백 명을 태우고도 비행기가 하늘로 뜬다.
신기한 일이다. 수 천 자동차들이 차선을 지키며 잘도 간다.
신기한 일이다. 누구나 버스에 오를 때에는 돈을 내다니.
신기한 일이다. 어떻게 모르는 사람들과 이야기를 나누나.

신기한 일이다. 꽃은 저마다 모양도 색깔도 향기도 다르다.
신기한 일이다. 개나리꽃은 꽃들끼리 얼굴을 구별이나 할까.
신기한 일이다. 꽃은 바람과 벌들에게 어떻게 사례를 할까.
신기한 일이다. 벌들이 사라져도 괜찮을까라는 괜한 생각.
신기한 일이다. 사람들은 어떻게 꽃들과 대화를 나누나.

신기한 일이다. 강아지가 주인에게는 절대 복종한다.
신기한 일이다. 사람보다 강아지가 더 친근할 수 있다니.
신기한 일이다. 강아지들에게는 왜 종교나 혁명이 없을까.
신기한 일이다. 강아지는 왜 강아지와만 섹스를 하나.

신기한 일이다. 내가 어떻게 태어났는지 알 수가 없다니.

신기한 일이다. 내가 언제 어떻게 죽을 지도 모르다니.
신기한 일이다. 잊지도 않고 하루 세 끼 밥을 찾아먹다니.
신기한 일이다. 의지와는 상관없이 숨을 쉴 수 있다니.
신기한 일이다. 나는 왜 혼자란 생각만 하면 외로울까.
신기한 일이다. 나는 왜 까닭 없이 시를 쓰고 있는 것일까.

개미

개미들이
건물 밑바닥에 구멍을 뚫고 있어.

건물은
언젠가는 무너질 거야.

무너져
모래알이 될 거야.

그 때까지 파 보자구.

벚꽃

벚꽃이 하늘하늘 내려와 만진다.
하늘도 함께 내려와 만진다.
별들은 숨어서 만지고,
바람은 까놓고 만진다.

별아,
바람아,
나, 예 있다.

벚꽃이 마침내 벗고 핀다.

똥색

나이 드셨으면 나잇값을 하셔야지요, 하고 싶을 때도 있다.
10대가 70대를 마구 팰 때에는 이유가 있겠지 싶기도 하다.
세상은 이렇게 바뀌는데 시인들은 왜 생각을 바꾸지 않을까.

꽃은 천 년이 지나도 그 꽃 그대로 핀다고 한다.
바람은 만 년을 불어도 얼굴 하나 바꾸지 않는다고 한다.
지구는 언제까지 태양을 돌까.
북극성은 언제까지 저 자리에서 움직이지 않을까.

그런데 이제 그만 태양도 꺼질 때가 되지 않았나.
무슨 의미가 있다고 산 것들은 펄펄 나는 것일까.
똥색은 참 아름답구나.

유희

그는 폴리스를 파리채로 읽는다.
외국에서 다년간 공부를 하고 온 탓이다.

앵무새한테 잡힌 남자가 개한테 잡힌 남자를 비웃었다.
오십보백보는 분명 오십 보와 백보다.

힘차게 찾은 힘찬병원에서 힘차게 간다. 숨이 차다.
히밍힌 유희는 없는 의미가 헛보이는 우주적 원리이다.

말씀

세상은 나무나 풀꽃들의 세상이어야 한다고,
땅에는 전혀 필요 없는 사람들이 주장한다.

화장실을 건너뛰어 정화조로 간다.

말씀은 썩어야 해.
썩을수록 맛이 있어.

송아지의 神

소를 교미시키는 날은 동네 축제다.
송아지가 목표다.

송아지는 제가 왜 태어나는지 모른다.
풀밭에서 열심히 먹고 놀고 좋기만 하다.
축복받은 인생이다. 아름다운 송아지 인생.

다 자라면 일을 해야 한다. 땀 뻘뻘 흘리면서.
몸무게도 늘려야 한다. 많이 먹어야 한다.

왜 사는지 알 필요 없다.
왜 죽어야 하는지도 알 필요 없다.
송아지는 아무것도 모른다.
삶과 죽음이 무언지 모른다.
정말 모를까, 설마. 알지도 모른다.

송아지에게는 신도 없다.
정말 송아지에게는 신이 없을까, 설마.

메르스 · 1

우주선을 타고 메르스 별에서 날아온 메르스 특전대는 지구 개척이 임무란다. 지구인의 눈에는 보이지도 않고, 지구인의 귀에는 들리지도 않는, 그들의 정체는 신이하여서 그들의 존재를 느낄 때마다 지구인들은 놀라자빠지기 시작했다. 눈에 불을 켠 지구인들은 보이지 않는 메르스 전사들을 힘겹게 잡아 신문하였는데, 알 수 있는 것이라고는 용납해서는 안 된다는 것뿐이었다. 아무리 뒤져도 메르스는 절대로 아니고, 메르도 절대로 아니고, 메도 절대로 아니어서, 포로 된 메르스 전사들이 급기야는 깔깔대고 웃었다는데, 사람들은 겁이 많아. 다 적이야. 그래서 전쟁이 있는 것이야.

메르스 · 2

바퀴벌레 아무리 잡아 죽여봐라.
씨가 마르나.
쥐새끼들 아무리 잡아 죽여 봐라.
씨가 마르나.
잡초들 아무리 뽑아내 봐라.
씨가 마르나.
바이러스 아무리 찾아 죽여 봐라.
씨가 마르나.

혼자 살려고 들면 다 죽는다.

봄, 꽃

어머니 꽃 따러 가신다
오는 봄도 더디다 하며 성큼성큼 떠나신다

아흔아홉 강을 건너고
아흔아홉 산을 넘으신다

가시다가 저어하면 고닥 돌아오시라
말씀도 듣는지 마는지
오는 봄 손 내밀며 다급하게 떠나신다

장독대 주변 가득 가꾸신 꽃 다 버리고
새 봄 새 날 꿈꾸듯 춤추며 꽃 따러 가신다

어머니의 집·1

어머니 오실까 봐 불 켜고 잔다
어머니 못 오실까 봐 불 끄고 잔다

어머니의 집·2

고향 들판 외딴 오두막집에 불이 붙었다.
근 백 년을 외롭게 서있던 집이었다.
한때는 사철 거칠게 푸르기도 했고
한때는 장독대 옆 꽃밭이 붉기도 했고
한때는 지붕의 박덩어리 달처럼 빛나기도 했다.
그 집에 살던 사람들 불길을 지켜보고 있다.

지붕은 지푸라기가 다 썩어 문드러졌다.
온갖 새들과 벌레들이 둥지를 틀기도 했다.
흙벽은 바람에 살점이 다 떨어져 나가고
신문지로 붙인 방안 벽지도 너덜너덜해졌다.
쥐구멍을 막아둔 사금파리들이 드러났다.
몇 토막 기둥도 벌레들이 점령하여 바스라졌다.
더 바스라질 수 없는 뼈들이 거룩하다.

피 다 빨아먹고 살점 다 발라먹은 후에
사람들 모두 새집으로 이사를 가고,
홀로 버려져 버티고 버티다가

야무진 향기 구들장 속으로 빨려들어간 지 오래.

더 이상은 그 안에서 살 수가 없어.
이젠 태워야 해. 어쩔 수가 없어.
푸른 들판은 아직도 거기에 있고,
타고 남은 재도 아직 거기에 있으나,
불길 바라볼 때에는 약간 눈시울을 적시다가
발길 돌리는 마음들이 가볍다 가벼워.

어머니의 집·3

부평 가족공원 평온당이 어머니의 새 집이다
어머니의 집 중 가장 값이 싸다 그래도 임대다
어머니 시집오시던 시절에는 잠시 당신 집이 있었다
서울 올라온 후에도 어찌어찌 잠시 집이 있기도 했다
그리고는 한 삼십 년 사글세와 임대주택을 돌고 도셨다

어려서 아버지 여의시고 어머니 재가하시자
당신 집은 고모집이 되었다
아무도 없는 설움이 곧 집 없는 설움이 되었다
집 없는 설움은 다시 복 없는 설움이 되었다

어머니 평생 소원은 당신 집 갖는 것이었다
그 꿈은 언제나 자식들로 인해 깨지곤 했다
자식이 일곱, 일 년마다 어려운 자식이 하나씩 생겨
칠 년을 버티고 나면 다시 그 칠 년이 돌아왔다
그래도 칠 년 후에는 언제든 집에 대한 꿈이 있었다.

이제는 아무도 어머니 집을 뺏을 수 없다

너무 저렴한 집이라서 아무도 욕심내지 않는다.
게다가 임대이고 살아서는 들어갈 수가 없기 때문이다
어머니 끝내 당신만의 집을 얻으셨다
좀 빠르긴 했으나 아무도 어머니의 이사를 막지 못했다

만월당 여자

한 달에 한 번 만월당에 가는 여자 있다
만월당에 젊은 신랑이 살고 있기 때문이다
한 달에 한 번은 그 신랑이 그립기 때문이다
그리워도 매번 하고 오는 말은 비슷하다
미안해요 미안해요
사랑해서 미안해요 아직도 사랑해서 미안해요
만월당에는 까치도 한 달에 한 번 온다
까치가 오는 날은
잠자던 그녀의 신랑도 깨어나 우는 날이다
까치의 집은 겨울나무 꼭대기에서 흔들리고
신랑의 집은 철저한 통제 속에 안전하다

|해설|

아이러니의 인식과 사랑의 윤리

—장종권의 시세계

이성혁 | 문학평론가

1.

1985년 ≪현대시학≫을 통해서 등단한 장종권 시인은 시력 30년이 넘은 중견 시인이다. 여기 상재하는 『전설은 주문이다』는 그의 일곱 번째 시집. 이 시집은 한 중견 시인의 단순한 것 같으면서도 깊이 있는 시 세계를 보여준다. 시력이 짧은 시인일수록 시에 힘이 들어가기 일쑤이다. 이와는 달리, 『전설은 주문이다』의 시편들은 잔뜩 긴장되어 힘이 들어간 모습과는 거리가 멀다. 주로 단시들인 그 시편들은 얼핏 보면 가벼운 단상을 싣고 있는 것 같다. 하지만 그 안에는 적지 않은 시력과 삶의 시간이 가지는 무게를 담고 있다.

『전설은 주문이다』는 장종권 시인의 여섯 번째 시집인 『호박꽃나라』(2013)의 시세계를 잇고 있는 것으로 보인다. '호토전' 연작이 『호박꽃나라』에 1-4편이 실려 있고 이 시집에는 5-13편이 실려 있는 것을 보아도 알 수 있다. 『호박꽃나라』에서는 어떻게 보면 비정하리만치 냉철한 현실 인식을 보여주는 시편들이 많다. 낭만주의에 반하는 이러한 현실 인식은 중견시인의 면모를 보여주는 것이라고도 하겠는데, 『호박꽃나라』의 해설을 쓴 백인덕 시인도 말하고 있듯이 알레고리를 통해서 표현되고 있다. 방금 언급한 '호토전' 연작은 이러한 현실 인식을 알레고리로서 잘 드러내는 시편들이다. 이 연작의 거의 모든 시편들에는 "아리랑 아리랑 아리랑이여/쓰리랑 쓰리랑 쓰리랑이여/아리고 쓰라린 세상살이여"라는 후렴구가 시의 마지막 연으로 실려 있다. 이 후렴구는 연작의 주제를 말해준다. 그것은 민중의 심신을 아프게 만드는 세상살이다. 시인은 세상살이의 비정함을 비정함 그대로 투시하면서 호랑이와 토끼의 관계를 통해 이를 드러낸다. 호랑이와 토끼는 이 세상에 뿌리내려버린 권력과 계급 관계를 보여주는 동물들이다. 이 비대칭적 계급 관계를 아래의 구절들은 감춤 없이 드러낸다.

> 호랑이와 토끼는 굶주린 것과 먹잇감으로 만났다.
> 한 마리 호랑이가 토끼굴을 밤새 지켜준다 해도
> 그것은 자신의 소중한 논밭을 지키는 것에 지나지 않았다.
>
> —「虎兎傳·4」 3연

호랑이는 권력자이고 그 권력으로 토끼를 지켜주는 것 같지만, 토끼를 지켜주는 이유는 토끼가 자신의 먹이이기 때문이다. 이는 한국 사회에서 권력자와 민중의 관계의 유비라고 말할 수 있을 것인데, 이 관계는 쓰라린 아이러니를 품고 있다. 토끼는 자신을 지키기 위해 호랑이의 권력이 필요하지만 그것은 결국 미래의 먹잇감으로 자신을 내어주는 일과 같은 것, 장삼이사의 세상살이란 이러한 참혹한 아이러니를 통해서 진행된다는 것. 이렇듯 씁쓸하지만 부정하지 못할 진실을 시인은 『호박꽃나라』에서 '호토전' 연작을 통해 독자에게 전달했다.

이 『전설은 주문이다』에 실린 '호토전' 연작 역시 『호박꽃나라』의 '호토전' 연작과 마찬가지로 장종권 시인의 씁쓸한 현실 인식을 보여준다. 그런데 두 시집의 연작시편에는 중요한 차이가 있다. 그것은 『호토전』의 '호토전' 연작에서는 『호박꽃나라』 '호토전' 연작의 후렴 부분에서의 "아리고 쓰라린 세상살이여"라는 마지막 행이 빠진 채로 후렴이 후반부에 실려 있다는 점이다.(이 마지막 행이 빠지면서 후렴은 좀 더 야유의 뉘앙스를 갖게 되었다.) 또한 연작 10편과 마지막 13편에는 후렴이 없다는 점도 『호박꽃나라』의 '호토전' 연작과의 차이점 중 하나다. 이 차이는 『전설은 주문이다』의 '호토전' 연작에서는 시인이 "쓰라린 세상살이"를 살아야 하는 민중의 다소

소극적이고 서글픈 입장을 부각하지 않고 있다는 것을 의미하는데, 이는 시인의 민중에 대한 입장 변화를 보여준다고도 말할 수 있겠다.

그도 그럴 것이 『전설은 주문이다』의 '호토전' 연작에서 작금의 '토끼-민중'은 굴종적인 존재로서 시니컬하게 풍자되고 있는 면이 있으며, 한편으로 꿈이나 미래에 나타나는 토끼는 피해자로서가 아니라 호랑이를 변화시키거나 호랑이와 싸우는 적극적인 면모를 보이고 있는 것이다. 전자의 예를 보여주는 시가 「虎兎傳·9」다. 이 시에서 토끼의 모습은 아이러니컬하게 복종적인 존재로 나타난다. 이 시 1연에서 시인은 "법은 토끼들에게 마지막 신앙이"어서 "싸움이 생긴 토끼들"은 "법정에 호소"하곤 하는데, 그 재판관은 자신들을 잡아먹게 될 호랑이였다고 말한다. 자기 자신들이 판단하고 해결해야 할 일을 '권력자-호랑이'가 제정한 법에 맡기는 토끼의 모습은 스스로 권력에 굴종하는 민중의 한 면모를 보여준다. 반면 시인은 그와는 상반되는 토끼의 존재를 아래와 같이 상상해보거나 꿈꾸고 있다.

> 천 년을 꿈꾸었으나 토끼는 오늘도 토끼일 뿐이었다.
> 천 년을 꿈꾸었으나 호랑이 새끼는 호랑이굴에만 생겼다.
> 그래도 토끼들은 호랑이 꿈을 버리지 않았다.
> 호랑이 꿈을 버리면 정상적인 토끼가 아니었다.

호랑이 꿈을 꾸다가 호랑이 밥이 되는 토끼들이
호랑이 뱃속에 들어가 토끼가 되어 나온다면야
호랑이들이 모조리 토끼가 되어버리는 세상이 온다면야
그런 세상이라도 오기만 한다면 좋겠다 좋겠다.

—「虎兎傳·5」 후반부

뒤이어 나타난 무수한 토끼들이
호랑이 눈을 하고서 덤비기 시작했다.
이런 가소로운 것들이,
처음에는 밀치기도 하고 발로 걷어차기도 하였다.
종내는 달아나는 도리밖에 없었다.
깨고 나니 개꿈, 내가 불쌍해진다.

—「虎兎傳·11」 후반부

「虎兎傳·5」는 위에서 인용한 『호박꽃나라』의 「虎兎傳·4」를 잇는 시로 보인다. 토끼들은 아이러니컬하게도 "호랑이 꿈을 꾸다가 호랑이 밥이" 된다. 토끼는 권력을 꿈꾸면서 자신들의 아이들을 호랑이 굴에 보내려고 한다. 그렇게 함으로서 토끼는 스스로 호랑이에 굴종하고 호랑이 밥으로 자신을 제공하는 것이다. 이에 따라 생각한다면, 피지배자가 지배자가 되고자 하는 되지 않을 꿈을 꾸는 것이 저 지배 체제가 유지되는 비밀이다. 하지만 반대로, 호랑이 뱃속에 들어간 토끼들이 호랑이가 되어 나오는 것이 아니라 토끼가 되어

나온다면, 그리고 호랑이 뱃속에 그러한 토끼들만 들어간다면, 결국 호랑이는 호랑이를 낳지 못하고 토끼만 낳는 결과를 가져온다. 그리하여 "호랑이들이 모조리 토끼가 되어버리는 세상이" 오게 될 것이다. 이때에는 토끼가 호랑이가 되고자 호랑이 굴에 들어가는 행위, 그리하여 호랑이 밥이 되는 행위는 결국 호랑이를 제거하는 아이러니컬한 전복을 가져온다고 할 수 있다. 시의 화자는 "그런 세상이라도 오기만 한다면 좋겠다"면서 그러한 전복이 이루어지기를 희망한다. 즉 그 전복은, 아직 이루어지지 않은 가능성에 머물러 있는 것이다.

「虎兎傳·11」의 경우, 시인의 꿈에 나타난 토끼들은 더 이상 호랑이 밥이나 되는 존재가 아니다. 무수하게 나타난 토끼들은 "호랑이 눈을 하고서 덤비"는 존재다. 인용된 부분의 마지막 행에서 "내가 불쌍해진다"는 문장을 보면, 시의 맥락상 토끼들은 시인에게 덤비고 있는 것으로 보인다. 하지만 한편으로는 호랑이에게 덤비는 것이라고 생각할 수도 있다.('호토전' 연작은 기본적으로 알레고리를 표현법으로 삼고 있기 때문에 다른 방향의 해석이 가능하다.) 여하튼 이 시에서 "가소로운 것들"로 보이던 토끼들이 결국 자신보다 큰 존재를 내쫓아버리는 힘을 보여주고 있는 것이다. 물론 이는 아직 꿈에서만 가능한 일이다. 지금의 현실에서는, 토끼들은 법이라는 호랑이

굴에 몸을 맡기면서 호랑이 밥이 되고 있는 것이다. 그렇기에 저 꿈은 '개꿈'이라고도 할 수 있다 하지만 호랑이에게 먹혀 호랑이 뱃속에서 나오는 토끼들이 앞으로 점점 늘어나서 "호랑이 눈"을 할 수 있게 된다면, 저 꿈은 현실화될 지도 모르는 것이다. 이러한 현실화의 가능성은, 아래의 시에서와 같이 용감하게 "호랑이 목에 방울을 매다는 토끼들이"(「虎兎傳·10」) 현실에서 있어 왔기 때문에 형성될 수 있었다. 그리고 이 용감한 토끼들은 지금도 여전히 호랑이 목에 방울을 매달러 호랑이 굴에 들어가고 있다.

호랑이 목에 방울을 매다는 토끼들이 있었다.
매달러 가서는 다시 돌아오지 않는 형제들
찾아 다시 용감하게 방울을 챙겨 떠나는
호랑이 목에 방울을 매다는 토끼들이 있었다.
호랑이 목에 방울을 매단들 무슨 소용이랴.
호랑이 목에 방울을 매다는 것이 꿈이 아니라,
호랑이 목에 방울을 매달러 떠나는 것이 꿈인,
호랑이 목에 방울을 매다는 토끼들이 있었다.
호랑이 목에 방울을 매달러 떠났다가
다시는 돌아오지 않는 것이 꿈이고 자연인
토끼들의 나라는 사철 자운영이 무성하고,
토끼들을 잘 잡수시는 호랑이들의 나라는
웬일인지 자꾸 출렁이다가 가라앉고 사라지고

호랑이 목에 방울을 매다는 토끼들이 있어서
방울을 매달러 갔다가 사라지는 토끼들이 있어서
오늘도 해는 뜨고 있는 것이다.

—「虎兎傳·10」

호랑이 목에 방을 매단다는 행위는 무엇을 의미하는가? 그것은 저 '호랑이-권력자'가 토끼에게 어떻게 위협적인 존재인가를 토끼들에게 알리는 행위이다. 호랑이의 비밀을 폭로하는 행위이다. 이 행위는 용기가 필요하다. 그것은 호랑이의 권력 앞에 서야 하는 행위이고 권력에 의해 죽음을 당할 수 있는 행위이기 때문이다. 하지만 용감한 토끼들은, 그럼에도 불구하고 호랑이 목에 방울을 달기 위해 "방울을 챙겨 떠"난다. 그 행위가 아무 소용이 없을지도 모른다. 방울을 매달려하다가 죽음을 당하는 경우가 대부분이기 때문이다. 하지만 이러한 행위를 지속적으로 행하는 용감한 토끼들은 이러한 "다시는 돌아오지 않는 것이 꿈이고 자연"이다. 이 토끼들에게 그 희생은 자신의 존재 의미를 부여한다. 그래서 희생이야말로 자신의 꿈이며, 이러한 꿈이 자신의 본질적인 자연을 형성한다. 이 용감한 토끼들에게서 꿈과 자연은 통일되어 있는 것이다. 이러한 토끼들이 있기 때문에, "토끼들의 나라는 사철 자운영이 무성"한 반면, 지금 현실에서 무한한 권력을 행사하고 있는 듯이 보이는 "호랑이들의 나라는/웬일인지 자꾸 출렁이다가 가라앉고 사라지고" 있다고 말할 수 있다. 또한, 시인에 따르면, 이 토끼들의 희생 덕분으로 희망을 품은 현실-해가 뜨는 오늘-이 지속될 수 있는 것이다.

2.

'호토전 연작'은 장종권 시인이 현실을 아이러니로서 인식하고 있다는 것을 보여준다. 아이러니의 현실인식이란 현실의 양면성과 반대편으로의 전화轉化 양상을 동시에 포착한다는 것을 의미한다. 현실에서 아이러니를 발견하는 일은 현실을 반낭만적으로 포착한다는 것을 의미하며, 그래서 냉정한 느낌을 주기도 한다. 하지만 그것이 현실을 냉소적으로 대하는 태도를 가져오지는 않는다. 아이러니는 현실을 가감 없이 보는 인식인 동시에 굳건해 보이는 현실에 감추어진 전복의 가능성 역시 드러내려는 태도이기도 하기 때문이다. 그래서 아이러니는 냉소와는 거리가 멀며, 현실에 대한 변증법적 인식과 관계가 깊다. 시인의 아이러니한 현실 인식은 '호토전 연작' 뿐만 아니라 이 시집 『전설은 주문이다』 전반에 걸쳐 나타난다.

장종권 시인이 보여주는 아이러니한 현실 인식의 냉정한 면은 「횟집의 칼잡이」 같은 시가 대표적으로 보여준다. 이 시에서 회 쳐지고 있는 생선에게 시인은 "네 아무리" 살려달라고 애원하고 복수를 다짐하고 저주를 퍼붓는다고 해도, "회칼은 여지없이 네 멱을 따들어" 오리라고 냉정하게 말한다. "혼신의 힘을 다해 소리를 쳐 봐"도 그 운명을 벗어날 수는 없다는 것, 저 생선이 아무리 소리를 쳐봤자 횟감으로 전락하는 현실은 변하지 않는다. 생선의 생각과 희망은 무자비하게 진행되는 현실을 바꾸지 못한다. 물론 이 발언은 사회적인 의미를 갖고 있다. "여기저기 태평성대의 유행가가 시끌벅적"할지라도 현실의 무자비한 진행은 계속된다. 그러한 희망의 유행가는 "한 잔의 소주 안주에 불과"한 것이다. 이렇듯 「횟집의 칼잡이」가 보여주는 냉정한 아이러니는 생선의 외침에 대한 냉소적인 시인의 태도를 보여주는 듯하지만, 다른 시를 보면 그렇지는 않다. 그의 아이러니하고 냉정한 현실 인식은 현실의 비극성을 표현하고 있기도 하는 것이다.(다만 그는 이러한 냉혹한 현실을 꿈이나 희망으로 외면하고자 하는 비현실적인 태도를 비판하고 있기는 하다.) 아래의 시는 시인의 아이러니한 변증법적 인식이 보이지 않는 고통을 드러내는데 활용되고 있음을 보여준다.

모든 죽음은 억울하다.
백도리 해안 절벽에 고사된 송시열의 한,
목숨 걸고 한 판 승부를 건 세연정이 지척이다.
〉

산 것들에게 죽음을 묻는 법은 없다.
산 것들은 살기 위해 모든 죄를 짓는다.
죽은 자들에겐 물을 것이 없다.
죽은 자들은 말이 없어도 모두가 억울하다.

죽어버렸으므로,
지금은 죽어서 사라졌으므로,
다시는 살아 돌아올 수 없으므로,
어떤 말도 더는 할 수 없으므로,
억울하다. 억울하다.

아침이 만드는 바람은 뜨겁다.
저녁이 만드는 바람은 용서 없는 칼바람이다.

산 것들이여,
모든 죽음은 지독하게 억울하므로
그 분노로 바람이 되어라.
모든 잡초들 암벽에 눌러붙이는 거센 바람,
아무리 거친 바람이어도 마침내는 더 억울하리라.

—「보길도」 전문

위의 시에 따르면, 죄를 짓는 것은 산 것들이지만, 산 것들에게 죽음을 묻지 않는다. 그렇다면 죽은 자들에게는 죽음을 묻는가? 그럴 수는 없다. 죽은 자들은 말이 없기 때문이다.

죽은 자들은 죽었기에 더 이상 죄를 짓지 않는다. 그러나 이 죄 짓지 않는 자들에게 산 사람들은 관심이 없다. 하여, 죽은 자들은 무엇인가 말하고 싶다고 하더라도, "어떤 말도 더는 할 수 없"다. 그래서 "모든 죽음은 억울"한 것이다. 장종권 시인이 위의 시에서 그 억울한 죽음의 예로 든 것은 송시열이다. 송시열은 숙종에게 장희빈의 아들로 세자가 책봉되는 것을 반대하다가 제주도로 유배되었는데, 그는 태풍을 피해 보길도로 잠시 피해있었다고 한다. 그는 보길도 "백도리 해안 절벽에" 오언 절구 시를 새겨놓았는데(그 시가 새겨진 바위를 '글씐바위'라고 한다), 그 시는 임금으로부터 내쫓긴 자신의 처지에 대한 억울함과 슬픔을 담고 있다. 그는 결국 소환되어 사약을 마시고 죽는다. 이 일화를 배경으로, 시인은 말하고 싶으나 말하지 못한다는 죽은 자의 아이러니를 통해서 죽은 자의 한을 대신 말한다. 그 산 자-시인-의 말은, "지독하게 억울"한 죽은 자의 분노가 바람이 되어 부는 것이라고 할 수 있다.

그런데 장종권 시인의 아이러니한 현실 인식은 여기에서 그치지 않는다. 그는 그 바람이 "아무리 거"칠더라도 "마침내는 더 억울하리라"는 인식으로 나아간다. 이때 이 거친 바람이 불어서 더 억울해질 뿐이더라도, 시인은 그 바람을 냉소하고 있는 것이 아니라는 데에 유의해야 한다. 더 억울해짐에도 불구하고, 죽은 자의 억울함에 대해 계속 말해야 한다는 것을, 저 시의 마지막 마침표 이후의 아직 써지지 않은 빈 면은 암시한다. 이를 보면, 계속 발동되어가는 아이러니의 인식은 냉소가 깃들 자리를 허용하지 않음을 알 수 있다. 아이러니스트는 냉소와는 달리 계속 의심하고 질문하기 때문이다.(이와는 달리 냉소는 현실의 이면을 본 후 진실을 알았다고 오만하게 판단해버리고는 더 이상 의심하거나 질문하지 않는다.) 가령 그는 「송아지의 神」에서 "송아지는 아무것도 모른다./삶과 죽음이 무언지 모른다."고 진술하고는 "정말 모를까, 설마. 알지도 모른다."고 의심한다. 그 의심은 "송아지에게는 신도 없다"는, 의심하기 힘든 상식을 "정말 송아지에게는 신이 없을까, 설마."라며 의심하는 데에로 더 나아가도록 시인을 이끄는 것이다.

이렇듯 아이러니스트는 어떤 합리적인 의심으로부터 상식으로 알려진 것을 뒤집는 데로까지 자신의 인식을 밀고 나간다. 이러한 지속적인 변증법적 인식은 인식에만 그치지 않고 어떤 삶의 윤리로까지 나아간다. 「메르스·2」는 10행에 불과한 단시이지만, 아이러니한 인식이 삶의 윤리의 발견을 가져온다는 점을 잘 보여주는 시다. '바퀴벌레', '쥐새끼들', '잡초들', '바이러스'는 아무리 없애려고 해도 없어지지 않는다. 이러한 당연한 인식에도 불구하고 사람들은 그것들을 죄다

없애려고 한다. 하지만 그러한 시도는 실패할 것이 뻔하다. 불가능한 일이기 때문이다. 시인은 이러한 불가능에 대한 인식에서 "혼자 살려고 들면 다 죽는다./함께 사는 게 길이다."라는 반전反轉의 인식과 그에 따른 윤리를 제시한다. 이 윤리란 타자에 대한 윤리, 즉 타자를 없애면 동일자도 죽기 때문에 더럽다고 타자를 없애려고 하지 말라는 윤리다. 하여, 이는 타자와의 상생을 찾아야 한다는 윤리라고 할 수 있다. 시인은 이 타자와 상생하는 삶의 윤리를 다음과 같이 유년 시절에의 기억을 통해 제시하고 있기도 하다.

칙간이라고 불렸던 재래식 변소를 다니다보면
가끔은 똥도 밟고 오줌도 밟고 구데기도 밟는다.
낮은 지붕 밑으로 잿간도 함께 붙어 있었는데
아버지가 좋은 거름 만들려고 똥오줌 뒤섞어놓은
잿더미에 빠지며 헤치며 엉금엉금 기어 넘으면
암탉이 낳은 뜨끈뜨끈한 계란이 숨어 있곤 하였는데
아버지 몰래 꺼내들고 뒤안으로 가 까먹는 재미는
오줌 냄새도 똥냄새도 구데기도 별 것이 아니었다.
외갓댁에 가면 외할머니 늘상 꺼내주시던
천하의 보양재 날계란을 몰래 훔쳐먹으며
나는 무럭무럭 자라 장닭 같은 어른이 되었다.
그러니 오늘 재래식 변소 같은 세상을 거닐면서
똥도 밟고 오줌도 밟고 구데기도 밟긴 하지만

그것이 모조리 살이 되고 피가 되리라 되리라.
나도 그들에게 혹간은 똥도 되고 오줌도 되고
구데기도 되면서 보양재 챙겨 주리라 주리라.
똥도 아니고 오줌도 아니고 구데기도 아니면
어디 가서 뜨끈뜨끈한 날계란 훔쳐먹으랴 먹으랴.

—「칙간의 보양재」 전문

"암탉이 낳은 뜨끈뜨끈한 계란"을 "아버지 몰래 꺼내들고 뒤안으로 가 까먹는 재미"를 위해서는 "아버지가 좋은 거름 만들려고 똥오줌 뒤섞어놓은/잿더미에 빠지며 헤치며" 가야 했다는 기억. 그 재미는 어쩌면 똥오줌을 밟으면서 계란을 몰래 꺼내드는 고난(?) 때문에 느낄 수 있었던 것일지 모른다. 이 기억으로부터 시인은, 자신을 자라게 한 것은 그가 몰래 훔쳐 먹은 계란뿐만 아니라 똥오줌을 밟고 잿더미에 빠졌던 일 때문임을 깨닫는다. 그리고 이로부터 세상살이에 대한 인식과 윤리를 끌어낸다. 세상은 옛날 그 "재래식 변소 같"으며 이 '세상-변소'에서 똥오줌과 구데기를 밟으면서 살아가리라는 인식, 그리고 그 똥오줌과 구데기가 자신의 피와 살이 될 보양식이며 자신 역시 타인들에게 똥오줌, 구데기라는 보양식이 되리라는 삶의 윤리를 말이다. 똥오줌이 보양식이라는 인식 역시 아이러니한 인식이다. 이 인식은 시인에게 이 더러운 세상에 대한 새로운 긍정과 윤리를 가질 수 있도록 만든다. 하여, 똥오줌도 아니고, "구더기도 아니면/어디 가서 뜨끈뜨끈한 날계란 훔쳐먹으랴."라는 마지막 구절은, 세상이 똥오줌이기 때문에 보양식인 날계란을 훔쳐 먹을 수 있다는 시인의 관점 전환을 보여준다.

이러한 관점 전환은 세계에 대한 다른 시각을 형성케 하는 바, 그것은 사물에 대한 깊은 투시력을 길러주기도 할 것이다. 상식과는 다른 관점으로 본다는 것은, 사물의 외양에 의해 감추어진 본질을 꿰뚫어보기 위한 전제이기도 하기 때문이다.

3.

장종권 시인의 아이러니한 인식은 세계에 대한 다른 시각과 타자와의 뒤섞임을 긍정하는 데에서 더 나아가 그 뒤섞임을 추구하는 윤리를 가져왔다. 그래서 그의 아이러니한 인식은, 앞에서 언급했듯이 냉소주의와는 거리가 멀다. 이와는 달리 그의 아이러니는 세계에 더 깊이 들어가 외양에 의해 감추어진 세계의 본질을 꿰뚫어보는 투시력을 형성하기도 했다. 『전설은 주문이다』에 실려 있는 일련의 '꽃'에 대한 시편들은 시인의 그러한 투시력을 보여준다.

장종권 시인은 호박꽃에 남다른 기억을 갖고 있는 것 같다. 여섯 번째 시집 제목을 '호박꽃나라'라고 정할 만큼 호박꽃에 대한 애정이 깊은 것으로 보인다. "노오란 호박꽃술에 황홀한 코를 박고 잠이 들었다"(「호박꽃 이야기·4」)라는 구절이나 "사춘기가 아닌 그녀에게 사춘기인 내가 오늘" "어둠 속에 나를 감추고 너의 얼굴 본다. 부끄러워."(「호박꽃나라·6」)와 같은 구절은 호박꽃이 시인에게 황홀감을 주는 대상임을 말해준다. 이를 보면, 시인은 현실에 대해서는 냉철하게 인식하고자 했지만, 아름다움에 취하고자 하는 욕망을 버리지는 않았다. 『전설은 주문이다』에도 '호박꽃'에 대한 시가 실려 있는데, 「호박꽃의 밤」이 그것이다. 그런데 이 시는 『호박꽃나라』에서의 '호박꽃' 시편들과는 좀 다른 면모를 갖고 있다. 전문을 다시 읽어보자.

호박꽃도 밤에는 잠을 잔다.
한 번도 옷 벗지 않고 깊은 잠을 잔다.
어둠을 이불 삼아 별들의 자장가를 듣는다.

그 잠 속으로는 아무도 들어가지 못하지.
세상의 어떤 유혹으로도 그 방문 열지 못하고
두드리다가 흔들다가 제 풀에 지치고 말지.

어떤 나비도 어떤 벌도 밤에는 제 집을 지킨다.
어떤 바람도 깊은 밤에는 문패를 읽지 못하지.
쓸쓸히 거리를 떠돌다가 존재도 없이 사라지고 말지.

〉

호박꽃은 밤이 되어야 꿈을 꾼다.
밤새도록 꿈을 꾸어야 아침의 사랑이 시작된다.
눈부신 사랑을 위하여 그 밤의 깊은 꿈은 아름답지.

『호박꽃나라』의 '호박꽃' 시편들이 호박꽃의 아름다움을 찬양하고자 했다면 위의 시는 투시를 통하여 '호박꽃'의 아름다움에 대한 인식을 길어 올리고 있다. 호박꽃에 대한 투시는 밤새 호박꽃을 관찰하면서 이루어졌을 것이다. 그 관찰을 통해 이 시의 첫 행인 "호박꽃도 밤에는 잠을 잔다"는 인식을 얻어냈을 것이다. 그런데 이 인식은 호박꽃이 "한 번도 옷 벗지 않고 깊은 잠을 잔다"는 발견으로 나아간다. 이를 시적 발견이라고 할 수 있을 텐데, 저 발견은 상상력을 통해 이루어질 수 있는 것이기 때문이다. 밤의 호박꽃은 절대로 자신의 방을 열지 않아서 호박꽃의 "잠 속으로는 아무도 들어가지 못하"며, 그렇게 방을 잠구는 것은 호박꽃이 꿈을 잘 꾸기 위해서라고 시인은 상상한다. 나아가 시인은 호박꽃이 잠을 방해받지 않고 꿈을 꾸고자 하는 것은 "아침의 사랑"을 시작하기 위해서라고 추정한다. 하여, 눈부신 사랑을 위해 꾸는 꿈이니, "그 밤의 깊은 꿈은 아름답"다.

위의 시에서 드러나고 있는 호박꽃의 시적 형상은 사물에 내재한 아름다움을 붙잡으려는 투시에 의해 얻게 된 것일터, 장종권 시인은 밤에 깊이 잠들어 있는 호박꽃의 모습에서 내일 아침의 눈부신 사랑을 꿈꾸고 있는 모습을 투시하고는 그 꿈에서 아름다움을 찾아냈다. 사물 속에 깊이 내재해 있는 아름다움의 시적 발견은 투시를 통해 발동되는 상상을 통해 이루어지는데, 그것은 자동화된 시각에서는 발견할 수 없는 것이다. 가령, "꽃의 연인은 꽃이라 하더라"(「꽃의 연인」)라는 탄식어린 시인의 발견도 독자가 생각해보지 못한 바를 들추어낸다. 이 시에 따르면, "별나비도 사람도 바람도" "나무의 아름다운 거시기"인 "꽃만 만지면 바르르 바르르" 떨지만, "사랑하고 싶어야 비로소 핀다 하"는 도도한 꽃은 다른 존재가 "아무리 매달려도" 자신의 연인을 오직 꽃으로만 삼는다. 이 역시 꽃의 자태를 투시하면서 다른 존재가 범접하지 못하는 도도함을 포착했기 때문에 이루어진 시적 발견이겠다. 꽃은 주체적으로 욕망하고 사랑하며, 또한 그 꽃처럼 주체적으로 욕망하고 사랑할 수 있는 다른 꽃만을 사랑한다.

하지만 꽃의 본질에 대한 장종권 시인의 발견은 한 걸음 더 나아간다. 그것은 꽃은 꺾일 수 있어야만 꽃다운 아름다움이 발현될 수 있다는 발견이다.

> 꺾으라 피지 않는 꽃은 살아있는 꽃이 아니다. 꺾어서 안 되는 꽃은 아름다운 꽃이 아니다. 사랑하지 않아도 되는 꽃이 이 땅에 핀다면 바람은 왜 불고, 벌나비는 왜 노닐고, 그대의 창가에 꽃다발은 왜 놓여있을까.

〉

꽃이 꽃다운 것은 꽃이어서이다. 밤이나 낮이나 가리지 않고 꺾여서이다. 꺾일수록 꽃다워지는 피의 향연이어서이다. 한 방울 피로도 우주를 여는 신비로운 몸의 신호여서이다.

—「꽃다운」 2-3연

장종권 시인의 발견에 따르면, 꽃은 꽃만을 사랑하지만 꽃이 꽃다운 것은 또한 타자에게 꺾일 수 있기 때문이다. 꽃은 바람도 벌나비도 사람도 사랑하지 않는다. 하지만 꽃은 그들의 사랑을 거부하지 않고 받아들인다. 그래서 꽃의 사랑을 받지 못해왔던 바람도 벌나비도 사람도 꽃을 여전히 계속 사랑할 수 있는 것, 하여 지금도 바람은 불고 벌나비는 꽃 주위를 노닐며 사람은 꽃을 꺾어 꽃다발을 만든다. 그러한 사랑의 수용이야말로 꽃의 꽃다운 본질이며, 꽃의 본질적인 아름다움은 거기서 현현하는 것, 그래서 꽃의 아름다움은 피와 관련되어 있다. 꽃은 "꺾일수록 꽃다워지는 피의 향연"이기 때문이다. 하지만 그 피의 아름다움은 파괴의 미학과 관련이 없다. 꺾이면서 꽃이 흘릴 피는, "우주를 여는 신비로운 몸의 신호"이기에 그렇다. 꽃이 흘리는 피 한 방울의 아름다움은 새로운 우주로 들어갈 수 있는 통로를 연다. 그 피 한 방울을 통해 우리는 새로운 우주로 들어서며 새로운 삶을 살아갈 수 있게 되는 것이다.

그래서 "오는 봄도 더디다 하며 성큼성큼 떠나"시면서 "꽃 따러 가"시는 어머니에 대해 "새 봄 새 날 꿈꾸듯 춤추며 꽃 따러 가신다"(「봄, 꽃」)고 시인이 말하고 있는 것이 이해된다. 어머니가 "꽃 따러 가시"는 것은 "새 봄 새 날 꿈꾸"었기 때문인 것, 어머니는 꽃 따는 행위의 의미에 대해 너무도 잘 알고 계셨던 것이다. 어머니는 직감적으로 꽃이 꺾이면서 흘리는 피가 새로운 삶을 연다는 것을 알고 있었다. 그렇기에 꽃의 죽음은 죽음에 그치지 않는 것이다. 죽음은 새로운 삶을 연다. 꽃의 죽음이 아름다울 수 있는 것은 이 때문인 것, 시인은 이제는 돌아가신 어머니가 꽃 따러 나가시곤 했던 일을 기억하면서 이러한 역설적인 삶과 죽음의 의미와 아름다움을 발견한다. 시인이 "어머니의 평생 소원은 당신 집 갖는 것"이었다면서, 결국 어머니가 돌아가신 이후에야 "이제는 아무도 어머니의 집을 뺏을 수 없"는 "가족공원 평온당이 어머니의 새 집"이라고 가슴 아프게 진술할 때, 그 진술은 한편으로 꺾인 꽃처럼 어머니 역시 죽음으로써 그 자신이 새로운 우주로 아름답게 들어가게 되었음을 의미하기도 한다. 어머니의 죽음은 이 세상에는 없는 새로운 집을 얻어 새 삶을 사는 것이며, 그 죽음으로 흘린 피 한 방울은 아들인 시인에게도 새로운 우주를 열어준다.

하지만 죽음이 새 삶을 얻기 위해서는 사랑이 필요하다. 꽃이 꺾임을 당하면서 흘리는 피 한 방울이 새 삶의 우주를 열기 위해서는, 꽃을 꺾는 사람의 꽃을 사랑하는 마음이 전제되어야 한다. 이와 마찬가지로 저 "가족공원 평온당이 어머니의 새집"이 될 수 있기 위해서는, 시인이 어머니를 사랑하는 마음이 전제되어야 한다. 이 주제를 담고 있는 「만월당 여자」가 이 시집의 마지막에 실린 것은 의미심장하다. '만월당'은 인천에 있는 가족공원 납골당이다. 이 시는 만월당에 '살고 있'는 젊은 신랑이 그리워 한 달에 한 번 그곳에 가는 어떤 여자를 조명한다. 시인에 따르면, 그녀는 방문할 때마다 "매번 하고 오는 말은 비슷하다"고 한다. 그 말은 "미안해요 미안해요/사랑해서 미안해요 아직도 사랑해서 미안해요"다. 왜 사랑해서 미안할까? 그녀는 젊은 신랑을 아직도 사랑하기 때문에 한 달에 한 번 만월당에 오는 바, 그녀가 올 때마다 "잠자던 그녀의 신랑도 깨어나" 울게 되기 때문이다. 사랑은 죽음을 깨운다. 비록 그 깨어남이 미안하게도 슬픔을 불러일으키겠으나, 그 슬픔은 우주를 여는 꽃의 피 한 방울처럼 죽음이 죽음으로 끝나지 않고 새 삶을 연다는 것을 아름답게 일깨운다.

장종권 시인이 이 시집의 마지막에 도달한 지점은 바로 죽음을 살리는 사랑의 윤리인 것. 그가 이 시집 내내 보여준 아이러니한 현실인식은 이렇듯 사랑의 아름다운 힘에 이르기 위함이었음을 우리는 시집을 덮으며 깨닫게 된다.